LES PSAUMES DU SARCOPHAGE

Suivi de

Les Damnés de l'Amour

DU MÊME AUTEUR

Chroniques de l'école sous les tropiques, Éditions Kemet (nouvelles), 2023

Insurrection libidinale, Éditions Kemet (poésie), 2022

Les morsures obscures, Éditions Kemet (poésie), 2021

L'appel du Kilimandjaro, Éditions Kemet, (poésie), 2021.

Les ordonnances d'outre-tombe, Éditions Le Lys Bleu (essai), 2020.

La saison des perversions, Éditions LC, (roman), 2019.

Crise et décadence de l'Afrique noire, Les versets nègres, L'Harmattan Congo-Brazzaville, (essai), 2018.

Métempsychose constitutionnelle en République du Congo, La Doxa Éditions, (essai), 2016.

Pour une nouvelle gouvernance du Congo-Brazzaville, L'Harmattan-Congo, (essai), 2015.

Julien MAKAYA NDZOUNDOU

LES PSAUMES DU SARCOPHAGE

Suivi de

Les Damnés de l'Amour

Préface de Gaétan MBAMA

Postface de Pierre NTSEMOU

Ce livre est édité par les éditions Kemet. Vous pouvez le commander en envoyant un mail à editionskemet@gmail.com

Vous pouvez aussi l'acheter sur les plateformes de vente en ligne.

B.P. 1275, Brazzaville,
République du Congo
editionskemet@gmail.com
www.editionskemet.com

ISBN : 9782493053299

Hommages à :

→ *Apollinaire Mbedi*
→ *Bertille Makaya Ngoundou*
→ *Denise Mvoudou*
→ *Emmanuel Bilouety*
→ *Ève Jeanne D'Arc Makaya Matoungou*
→ *Jean Baptiste Makaya*
→ *Jean Brédel Ngoma*
→ *Lydie Carrelle Koumba*
→ *Marie-Odile Mikoungui*
→ *Ndzoundou*
→ *Odette Mourhola*
→ *Olga Catherine Mayoko*
→ *Pierre Ifoundou*
→ *Raymond Ndala*

AUX IMMORTELS

Patrice Lumumba
Thomas Sankara
Âmes glorieuses
Trahies par des apostats

Marien Ngouabi
Laurent Désiré Kabila
Hommes courageux et braves
Tombés sous les balles des traîtres.

Ruben Um Nyobe
Barthélémy Boganda
Destins fracturés
Par l'impérialisme

Sylvanus Olympio
Amílcar Cabral
Combattants de la liberté
Morts pour l'Afrique

Samora Machel
Félix Roland Moumié
Dignes fils d'Afrique
Victimes du néocolonialisme

Dans le sommeil de la tombe
Les héros sont immortels
Le sang des immortels
Le carburant de la révolution

La mort du héros
L'exorde de la bataille
La tombe du héros
La rampe de la révolution

C'est la Mort qui console, hélas ! et qui fait vivre ;
C'est le but de la vie, et c'est le seul espoir
Qui, comme un élixir, nous monte et nous enivre,
Et nous donne le cœur de marcher jusqu'au soir

Charles Baudelaire, *Les Fleurs du mal, 1857*

PRÉFACE

Par Gaétan MBAMA

Je suis reconnaissant envers l'auteur de nous avoir choisi comme préfacier de ce recueil de poésie, qui est le second de lui que nous préfaçons, après l'insolite ***Insurrection libidinale***[1].

Il faut que je le dise, hic et nunc, le fait pour l'auteur de nous avoir sollicité une nouvelle fois comme préfacier nous a un peu comme titillé le cœur, en caressant dans le sens du poil, comme on dit, notre orgueil littéraire, si tant est qu'il puisse en exister d'orgueil en littérature.

En effet, en préfaçant un livre, on se sent généralement solidaire avec son auteur voire, Dieu seul sait pourquoi, comme son co-auteur. C'est une sorte de reconnaissance tacite, de l'auteur envers le préfacier, d'un petit talent littéraire, latent en ce dernier, qui viendrait en quelque sorte, en se révélant, comme contribuer à apporter, d'une part, un peu de lumière au livre objet de la préface, et à tirer, d'autre part, pour ainsi dire, de l'ombre le préfacier, surtout lorsque celui-ci, comme moi, doutant de ses capacités littéraires, n'a jamais osé publier de livre et que celui-ci préfacé venait par ailleurs à connaître une bonne fortune en librairie… Ce que nous souhaitons d'ailleurs. Voilà pour l'exorde !

Venons-en au recueil, qui en est un deux-en-un, dont les deux parties se distinguent l'une de l'autre par la thématique développée. La première partie est composée d'une série de trente-deux poèmes regroupés sous le titre de ***Les psaumes du sarcophage***. La seconde partie, qui apparaît comme une cerise sur le recueil, pardon !... sur le gâteau, autant pour nous, comporte, quant à elle, seize poèmes regroupés sous le titre de ***Les Damnés de l'Amour***.

Dans ***Les psaumes du sarcophage***, tous les poèmes ou presque, sont rédigés autour de la thématique de la mort, cet autre versant de la vie, sans laquelle cette dernière n'aurait pas de piment. On rentre dans la vie par la naissance, la tête la première, tout en gueulant tout comme on en sort par la mort, les pieds allongés, tout en râlant. Paradoxalement, l'importance de la vie se mesure à l'aune de la mort, dont la gravité, en

---

[1] Recueil de poésie de Julien MAKAYA NDZOUNDOU, publié aux éditions Kemet en 2022.

revanche, se mesure par rapport à la valeur de la vie qu'on perd en rendant, comme on dit, l'âme. Célébrer la mort revient en quelque sorte à célébrer la vie et inversement, les deux étant les deux versants d'une même montagne. C'est ce que fait l'auteur à travers les trente-deux poèmes de cette première partie du recueil qui, au fil des pages, entraîne le lecteur dans les énigmes de la mort, l'engageant à avoir présent à l'esprit que la vie n'est que vanité au regard de la mort, qui en est sa finalité et que celui-ci, le lecteur, ne devrait pas perdre de vue.

« Fais du bien à tout humain/Qu'il soit Indien ou Africain », écrit l'auteur dans *"Quand la mort te parle"* ; une injonction qui découle du grand principe de la vie, l'Amour, que l'homme moderne, porté par l'orgueil et déteint par le chauvinisme, a le plus souvent tendance à oublier. La fin de la vie sur terre ne consacre-t-elle pas le début de notre séjour sous la terre ? là-bas, où s'applique, à la lettre, le principe de l'égalité pour tous, peu importe que tu aies eu à vivre *dans l'opulence ou dans l'indigence* ou que tu aies été *un patron ou un poltron*, indique l'auteur dans *Quand la mort te parle...*

L'homme n'étant qu'un pèlerin sur terre dont le destin est la mort mais, d'où vient-il que, à tout moment, lorsque celle-ci frappe, l'affliction soit au rendez-vous ? Cette préoccupation est abordée dans *L'oraison face à l'ouragan*. La mort n'est qu'un départ, écrit le poète, dans *Paroles du sarcophage*, vers l'éternité où, loin de ce monde diapré d'iniquité, règne la tranquillité. Aussi, demande-t-il aux siens, lorsque, inéluctable, adviendra sa mort, à lui le poète, que personne ne pleure devant sa dépouille séquestrée dans un sarcophage en bois. Et dans la même veine, on lit dans *L'ordonnance* : « *Ne pleurez pas sur ma tombe/ Je ne suis pas mort/ J'ai le destin de Lazare…* ».

Et si la mort n'était en fait qu'un processus d'exuviation permettant à l'âme de transmigrer ? C'est ce que semble soutenir l'auteur dans *Métempsychose* : « *Je ne mourrai point / Je survivrai à l'exuviation…* ». Par ailleurs, dans *Sonnet à titre posthume*, le poète recommande de nous aimer vivants et de vivre le bonheur au temps présent car la vie, cet objet précieux, est *fragile comme l'argile* dont notre corps est matériellement fait.

Puisqu'on est né à l'improviste, on mourra inopinément. Alors, pourquoi cultiver l'orgueil en lieu et place de l'humilité et de la modestie ? s'interroge l'auteur dans *Cogitatio*. Un peu plus loin, en lisant le poème *Il dort* l'on ne peut s'empêcher d'y voir un clin d'œil de l'auteur au *Dormeur du val* d'Arthur Rimbaud : « *Les pieds allongés, il dort…* » et l'on a envie d'y ajouter : …comme dormait le jeune soldat dans un petit val qui moussait de rayons…

Dans la seconde partie du recueil, il y a *Les Damnés de l'Amour* comme il y en a ceux de la Terre, les démunis. Mais, contrairement aux Damnés de la Terre, qui peuvent s'unir pour lutter afin de se libérer du joug de l'oppression, ceux de l'Amour sont condamnés à lutter isolément, chacun dans son coin, avec ses affres, que l'on ne peut, malheureusement, pas partager avec les autres ne serait-ce que par solidarité dans la mesure où, les souffrances de l'Amour sont comme la croix et comme telle, chacun a vocation de porter la sienne, sans l'aide de personne, jusqu'à son Golgotha. Oui, soutient le poète, en Amour, il y a aussi des Damnés, car « *L'Amour est aussi assassin / Que le fusil d'un fantassin* » et les hirondelles ne font toujours pas le printemps dans le couple, surtout lorsque les roses du cœur ont fané… Et c'est le *passeport pour l'enfer*.

Dans l'imaginaire du commun des mortels, le bonheur, personne ne sait pour quelle raison, est souvent associé à l'Amour et vice versa. Mais là, l'auteur dans cette seconde partie du recueil nous parle de l'autre facette de l'Amour, celle qui est associée aux épines comme celles du rosier notamment lorsque l'Amour que vous ressentez pour l'autre n'est pas réciproque ou bien lorsque, les années passant, la tendresse se cabre et le couple, faisant du surplace, se saborde…À l'eau ! le serment fait, devant les parents et l'officier, de s'aimer pour l'éternité, dans le malheur et pour le meilleur.

Les années passent
Mais le couple fait du surplace
Et personne ne se tracasse
Pour sauver l'harmonie qui se fracasse

Le mérite de l'auteur est celui d'avoir domestiqué les instincts, pour aborder la thématique sombre de la mort, cette réalité insondable qui est souvent refoulée dans l'inconscient par le commun des mortels. Aborder cette thématique avec sérénité et philosophie est sans doute un indice de l'élévation spirituelle de l'auteur. D'ailleurs, le recueil s'ouvre par un titre insolite : *La mort est morte.* Et comme si cela ne suffisait pas, dans le poème intitulé *Convocation*, Julien MAKAYA NDZOUNDOU écrit l'indicible avec sérénité :

Mort, où te caches-tu ?
Dans le feu ou dans la foudre ?
Je te défie, viens me chercher...

En somme, une belle brochette de quarante-huit poèmes, faciles à lire, que ce recueil qui m'a rendu triste à la fin. En effet, la fracture de la vie par la mort ou par la coagulation de l'amour, est un sujet tellement épouvantable qu'on ne saurait l'aborder sans la promesse de la tristesse.

LA MORT EST MORTE

L'étoile qui s'efface dans le ciel envoûté,
Annonce la résurrection du bonheur.

Le baobab qui s'écroule dans le silence de la forêt,
N'empêche pas la germination de son noyau perdu.

L'éclair qui déchire les nuages sombres,
Annonce une pluie de bénédictions.

L'étincelle qui illumine la pénombre,
Fait jaillir la flamme de l'amour.

La terre lourde qui engloutit le sarcophage,
Est la même qui fertilise la vie dans ce monde.

La douleur de la charcuterie pour la césarienne,
Est anesthésiée par l'euphorie de devenir parent.

Celle de la piqûre de l'abeille
Est tempérée par les délices du miel

La vie et la mort sont synonymes,
Un jour tu nais, un jour tu meurs.

De sa naissance, un jour tu ris,
De son décès, un jour tu pleures.

Accepte avec méditation la disparition de l'être aimé,
Comme tu as accepté avec alacrité, l'arrivée du fils aîné.

Acteurs, nous sommes sur le théâtre de la vie,
Chacun joue sa partition et disparaît de la scène.

Alors, vis ta vie à l'image du touriste,
Et la mort t'emportera à l'improviste.

QUAND LA MORT TE PARLE...

Tu as vécu dans l'opulence
Ou dans l'indigence,
Peu importe…

Dans la tristesse
Ou dans l'ivresse,
Peu importe…

Dans le bonheur
Ou dans l'horreur,
Peu importe…

Tu as accumulé des biens
Tu as vécu pour rien,
Peu importe…

Tu étais un patron
Ou un poltron,
Peu importe…

Tu étais un pasteur
Ou un dictateur,
Peu importe…

Tu étais la reine de la beauté
Ou la déesse de l'impudicité,
Peu importe…

Tu étais l'homme le plus gradé
Ou le Pape des diplômés,
Peu importe…

Tu étais envouté par la prière
Ou dissident de l'Apôtre Pierre,
Peu importe…

Ta vie sur terre est achevée,
Ton séjour sous terre va débuter.

Oublie tes diamants,
Abandonne tes galons.

Sous terre, nous sommes égaux,
C'est fini la guerre des égos.

La putréfaction du corps se moque du statut social,
Même si tu étais Amiral, Général ou Maréchal.

Toi qui lis ce texte en fumant un cigare,
Ou en sirotant avec jubilation du Ricard,

La morgue, ton dernier jacuzzi,
Là-bas, point de jalousie.

Ton destin est dans une bière,
Avant ton transfert au cimetière.

La tombe est ta dernière usine,
Le corbillard, l'ultime limousine.

Sur terre, tu n'es que pèlerin,
Amasser des biens ne sert à rien.

Fais du bien à tout humain,
Qu'il soit Indien ou Africain.

Souviens-toi que sur terre tout est vanité,
Alors professe l'humilité… à perpétuité.

L'ORAISON FACE À L'OURAGAN

Pour dire la souffrance en silence

Le souffle s'essouffle
Le temps est immobile
Le verre est cassé
La généalogie ébranlée

C'est le temps de la pudeur
Du silence et de la méditation
De la domestication des humeurs
Pas celui de la stigmatisation

Devant la mort d'un Être cher
Tout est recueillement
Tout est rassemblement
Lamentations et prières sur la chaire

Respect devant la dépouille
Taire les embrouilles
Égorger toute persécution
Stoïcisme face aux émotions

Convoquer les esprits des Ancêtres
Analyser tous les paramètres
Se souvenir d'où l'on vient
Rééduquer tous les crétins

Sur terre, on n'est que pèlerin
La mort est notre destin
Mais celle qui est inopinée
Ne peut que nous affliger

PAROLES DU SARCOPHAGE

Je pars...
Je pars loin d'ici
Je pars vers ma destinée,
Embrasser Césaire et Labou Tansi,
Qui m'ouvriront les portes de l'éternité.

Je pars…
Je pars vers l'éternité,
Où l'injustice en armistice
Me libérera des sottises
De ce monde balafré par l'iniquité.

Je pars vers la tranquillité
Protégé par mon père déconcerté
Qui m'attend à la lisière de la voie lactée
Pour parrainer ma traversée
Vers le monde de la beauté
Loin du purgatoire infesté
Où gisent les âmes souillées.

Je pars…
Je pars, les yeux fermés
La bouche silencieuse
Et les narines toisant le ciel
Parce que mon heure a sonné.

Oui! Je pars...
Je pars pour respecter les ordonnances de l'Ecclésiaste
Je vous laisse mes textes qui seront récités en liturgie
Devant ma dépouille séquestrée dans un meuble en bois.

Ne pleurez pas mes enfants,
Ne soyez pas tristes, chers parents,
Égorgez votre détresse,

Vous qui m'aviez prétendument aimé…
Devant ma dépouille, soyez dignes
Embaumez mon sarcophage de roses blanches
Car mon âme entre dans la contemplation

La méditation parfumée par les sons grégoriens
Est la colonne vertébrale de votre rituel…funéraire
Pensez au mythe de la caverne,
Brûlez des encens pour catapulter mon âme
Dans la galaxie du Christ ou d'Osiris
Où toutes les âmes entrent en exaltation

Après avoir recouvert mon sarcophage d'escarbille
Ne vous disputez point pour les morceaux de rosette
Que je laisse en héritage sur terre
Et souvenez-vous que tout est éphémère

Après mon départ, soyez unis et solidaires
Buvez sans discontinuer le *Connais-toi toi-même*
La lapidation de la vanité, une cure
Pour guérir de la constipation spirituelle

Depuis le nouveau monde, je vous observe
Rappelez-vous que les Morts ne sont pas morts
Ma protection ne sera garantie
Qu'à ceux qui respecteront mes ordonnances

Telles sont les paroles du sarcophage
Prononcées sans ambages
Avant de tourner la page
De son fugace pèlerinage

RÉTROSPECTION

Aux Oligarques africains

Dans le calme lugubre et sinistre de la morgue,
Le mort regarde son corps congelé avec remords.

Dans le silence troublant du cercueil,
Il contemple la foule éplorée qui l'accueille.

Ceux pour qui il égorgeait la raison,
Sont venus lui accorder leur pardon.

Dans l'isolement répugnant du corbillard,
Il constate qu'il n'a plus ses milliards.

Dans la retraite étouffante du cimetière,
Il réalise qu'il deviendra poussière.

Plus de vie de gratte-ciel,
L'humilité, la norme officielle.

Bienvenue dans le monde des asticots,
Que tu sois Prince, Matelot ou Griot.

Tous les plaisirs ne sont pas destinés à la chair,
Ainsi va la vie sur cette planète, mon cher.

Carême pour la vie des instincts,
Vous qui ne pensez qu'à vos intestins.

Pour entrer dans l'immaculé panthéon,
Il faut prêter le serment du Pharaon.

PRIÈRE DU NOUVEL AN

Une année s'achève
Un nouvel horizon se lève
Tout le monde est en liesse
Malgré les défis qui se dressent
Incantation des vœux d'allégresse
Voici donc les vœux que j'adresse
À tous ceux qui font la fête
Après avoir subi la défaite

Pour tout conflit, la trêve
Réussite, pour les élèves
Pour mes détracteurs, la miséricorde
Pour tous mes amis, la concorde
Pour les cupides, la richesse
Pour les méchants, la sagesse
À ceux qui vont partir, bon voyage
Pour les sinistrés d'amour, le courage

Pour ceux que j'ai blessés, le pardon
Pour les malades, la guérison
Pour les dépravés, la rédemption
Pour les parents, la dévotion
Pour les voleurs, la repentance
Pour les envoûtés, la délivrance
Pour les dogmatiques, la tolérance
Pour les extrémistes, la tempérance

Pour les paresseux, le labeur
Pour les affligés, le bonheur
À mes frères, la fraternité
À mes concurrents, la loyauté
Pour les tourmentés, la tranquillité
Pour les mariés, la sincérité
Pour les dirigeants, l'exemplarité
Pour les Prêtres, la probité

SONNET À TITRE POSTHUME

Le baobab est tombé
La lumière est immergée
La source asséchée
Le persécuté s'en est allé

Malgré tout, ils sont tristes
Remords pour le temps perdu
À présent les instincts sont vaincus
Castration de la vie de touriste

De son vivant, il était martyrisé
De son décès, ils se disent tourmentés
À présent, ils ont de l'amour à lui donner

Vivez le bonheur au temps présent
La vie sur terre est comme de l'argile
Un objet précieux mais très fragile

ANTITHÈSE

De ta naissance, tu n'as aucun souvenir,
Le jour de ta mort, tu ne peux le définir.

Ta venue au monde a été improvisée,
Ton décès aussi sera un acte inopiné.

Si tu penses que la vie sur terre est nuisible,
Convoque le suicide qui te servira de fusible.

Si tu crois que la réussite est fille des pratiques magiques,
Tu deviendras fou en usant des rituels mystiques.

Tu égorges la dignité de ton frère sur l'autel de l'orgueil
Sache que demain c'est lui qui portera ton cercueil

Sur terre, tu es le prince de la ségrégation raciale
Sache que sous terre il y a l'égalité sociale

COGITATIO

Les pensées sur la mort
Sont comme la hantise de la nuit
Mais au bout de la nuit
Il y a toujours un horizon

Les pensées sur la mort
Sont orientées vers la porte
D'accès au nouveau monde
Même quand la peur nous inonde

Avant toi, la vie sur terre a existé
Après ton passage, elle existera
La mort demeure ta destinée

Puisque tu es né, tu mourras
Mort, tu pourriras
Alors cultive la modestie

LA MORT, UNE GERMINATION

La mort est une semence
Qui fertilise le monde
Pour vous offrir la vie
Sans faire du bruit

La vie est une graine
Qui germe par ma vie
Le spermatozoïde, un arbre
L'arbre qui donnera des fruits

L'ovule… la germination
La vie ne s'éteint point en moi
La mort reste une semence

Même quand vos gamètes
N'ont pas produit de fœtus
La mort, reste une semence

IL DORT…

Les pieds allongés, il dort.
Les bras au garde-à-vous, il dort
Les yeux figés, les paupières fermées, il dort
Le corps froid, les muscles raides, il dort
Trempé dans une flaque de sang, il dort
Enveloppé dans un sac mortuaire, il dort
Congelé dans le casier d'une morgue, il dort
Gisant au fond d'un cercueil, il dort
Reposant dans la soute d'un avion, il dort
Remué par les secousses du corbillard, il dort
Recouvert de marbre dans un mausolée, il dort
Toutankhamon, le silence du sarcophage, il dort
Aimé Césaire, l'Orphée noir au Panthéon, il dort
Élégant, éloquent, arrogant ou délinquant, il dort
Milliardaire, sanguinaire ou débonnaire, il dort
Pillard, soûlard, clochard ou maquisard, il dort
Diplômé, surdoué, insurgé ou drogué, il dort
Cancéreux, lépreux ou tuberculeux, il dort
Plus de souffrance, vive la délivrance, il dort
Plus de calomnie, plus de jalousie, il dort
Plus de haine, il a rejoint Verlaine, il dort
Il est dans le monde de l'immaculé, et il dort
Un jour on dira de toi aussi, qu'il dort…

À LA CONQUÊTE DU TEMPS

Le temps !
Celui qui sépare la fécondation de la naissance.
Fantasmes de la mère sur l'enfant à naître.

Le temps !
Celui que calcule, sans cesse, la femme enceinte, attendant dans le stress,
Les contractions utérines qui expulsent le fœtus vers la société des dépravés.

Le temps !
Celui qui permet à l'enfant inondé dans l'action ludique,
De croire qu'il est le maître du temps et de l'éternité de la vie.

Le temps !
Celui qui manque au médecin, pour réanimer un patient en arrêt cardiaque.
Celui qu'on veut arrêter, quand on voit l'être aimé, sombrer dans le sommeil éternel

Le temps !
Celui qu'on regrette après l'échec d'un mariage ou à un examen
Celui qu'on veut remonter, pour replonger dans la piscine de l'utérus

Le temps !
Celui que perd le prisonnier retenu dans un centre pénitentiaire
Réminiscences de la belle vie ; la liberté un lingot d'or

Le temps !
Celui que le vieillard ne sait plus utiliser, au crépuscule de sa vie
Le sot n'a le temps, que pour remplir ses intestins

Le temps !
Celui que veut arrêter le Président, arrivé au terme de son mandat...
Pouvoir, limousine, honneur et bonheur…addiction à l'éternité

Le temps !
Celui qu'on regrette après avoir consumé sa jeunesse
À dompter les fesses, pour coloniser le plaisir et assouvir ses désirs

Le temps !
Qui s'évanouit au moment du coït, quand les instincts sont en ébullition
L'espace et le temps s'effacent ; c'est la résurrection…libidinale

Le temps !
Celui qu'il fallait au Christ pour commander la résurrection de Lazare
Ou à Judas pour consommer la trahison du Messie

Le temps !
Long pour la construction et court pour la destruction
Interminable pour le souffrant et fugace pour le crétin

Le temps !
Suffisant pour mener sa vie
De la naissance à la sénescence

Le temps !
Celui que le peuple attend
Pour se débarrasser du Despote

Le temps !
Un bon compagnon pour le sage
Un mauvais serviteur pour l'incrédule

Le temps !
Nostalgique au passé, précieux au présent, imprévisible au futur
Éphémère sur terre, séculaire sous terre

Le temps !
A réussi sa vie, qui a apprivoisé le temps
A détruit son âme, qui a vécu à contretemps

EULOGIE...

Aux victimes du stade d'Ornano

Tu as décidé de partir
Sans me prévenir
Et pourtant, tu avais des choses à dire
Avant de rendre ton dernier soupir

Tu as décidé de partir
Sans me prévenir
Trompeur était ton sourire
Quand je tentais de te divertir

Tu as décidé de partir
Sans me prévenir
Trépas, fin de notre aventure
Une véritable blessure

Tu as décidé de partir
Sans me prévenir
Le vide, l'absence
Sources de pénitence

La mort, fin de la souffrance
La mort, une vraie délivrance
Quand la dignité est en vacance
Et la solidarité en déliquescence

Malgré la douleur, malgré la peine
Je m'accroche à nos souvenirs
Malgré la souffrance, malgré la peine
Je m'attache à l'espérance

L'espérance d'une résurrection
Une résurrection d'outre-tombe
Une réunification dans l'autre monde
Le monde de l'immaculé et de la perfection

Tu as décidé de partir
Sans me prévenir
Je n'ai plus que la croix
Pour affermir ma foi

MÉTEMPSYCHOSE !

Je ne mourrai point
Je survivrai à l'exuviation
Ce corps allongé dans le sarcophage
Qui disparait dans la fosse au milieu du cimetière
N'est pas la personne que vous aviez connue
Le serpent par l'ecdysis, abandonne son exuvie
Mais poursuit sa route vers une nouvelle vie
La mort, une renaissance, une germination
Dans un autre univers, une nouvelle dimension

Je ne mourrai point
Je survivrai à l'exuviation
Ce corps en putréfaction sous terre
Pris en charge par les larves et les asticots
N'est pas la personne que vous aviez connue
Je serai présent à côté de vous,
Pour vous chuchoter,
Les paroles inaudibles de réconfort
Je serai présent à côté de vous,
Pour assurer,
Votre protection face aux malfaiteurs

Je ne mourrai point
Je survivrai à l'exuviation
Je serai présent à côté de vous,
Pour inspecter,
L'expression de votre cupidité
Devant les modestes biens que j'ai laissés
Après mon départ vers le monde de l'immaculé

Vous ne changerez point votre nature,
J'en suis sûr…
Le rapace restera rapace,
Malgré sa carapace
Le renard restera un charognard
Même revêtu de la peau d'agneau

Je ne mourrai point
Je survivrai à l'exuviation
Je serai présent à côté de vous,
Pour foudroyer,
Tous ceux qui violeront mes ordonnances
Je serai présent à côté de vous,
Pour sanctifier,
Ceux qui respecteront mes commandements

L'ORDONNANCE

Ne pleurez pas sur ma tombe
Je ne suis pas mort
J'ai le destin de Lazare revenu à la vie
Par le mantra de Jésus-Christ

Ne pleurez pas sur ma tombe
Je ne suis pas mort
Je suis dans le vent qui souffle
Je suis dans le sillage de la lumière

Ne pleurez pas sur ma tombe
Je ne suis pas mort
Je suis dans l'éclair qui déchire les nuages
Je suis dans les étoiles scintillantes

Ne pleurez pas sur ma tombe
Je ne suis pas mort
Je suis dans le chant matinal de l'oiseau
Je suis dans le reflet du soleil couchant

Ne pleurez pas sur ma tombe
Je ne suis pas mort
Je suis dans les gouttes de pluie qui tombent du ciel
Je suis dans le vacarme du silence… de la nuit

Ne pleurez pas sur ma tombe
Je ne suis pas mort
Je suis dans une nouvelle galaxie
Je suis dans l'immaculé monde

CANTIQUE DE LA DIGNITÉ

Je sais que je vais trépasser
Mais dans la dignité
Pas dans l'expiation
Et dans l'humiliation
Comme mes ancêtres
Enchaînés comme du bétail
À Loango, à Gorée ou à Ouidah
Gisant dans les cales des bateaux
Subissant les pires maltraitances
Pendant que les bateaux déchiraient
Les vagues de l'Atlantique
En direction des Amériques
Où ils ont été vendus aux enchères
Comme la viande de phacochère

Je sais que je vais trépasser
Mais dans la dignité
Pas dans l'expiation
Et dans l'humiliation
Comme Simon Kimbangu
Mort dans les prisons belges
Pour avoir professé l'égalité
Entre Négroïdes et Leucodermes
Dans la possession de Léopold II
Roi, mais aussi champion olympique
Des crimes les plus horribles

Je sais que je vais trépasser
Mais dans la dignité
Pas dans l'expiation
Et dans l'humiliation
Comme Boueta Mbongo
Décapité vif par les colons français
Et jeté dans les eaux de la Lufwa la kari
Pour anéantir la résistance à la colonisation

Je sais que je vais trépasser
Mais dans la dignité
Pas dans l'expiation
Et dans l'humiliation
Comme les soldats africains
Abusivement appelés Tirailleurs
Massacrés froidement à Thiaroye
Pour avoir revendiqué leur solde
Après avoir libéré la France
La miséricorde tue la vengeance

Je sais que je vais trépasser
Mais dans la dignité
Pas dans l'expiation
Et dans l'humiliation
Comme Samuel Doe
Mouammar Kadhafi
Ou Saddam Hussein
Qui ont vécu dans l'exubérance
Et qui sont morts dans la pénitence

RÉSILIENCE

La mort ne t'a pas vaincu
La mort ne t'a pas ébranlé
Au-delà du chagrin
Il y a toujours un chemin

La mort ne t'a pas vaincu
La mort ne t'a pas ébranlé
Au terme de l'hiver
Surgira le printemps

La mort ne t'a pas vaincu
La mort ne t'a pas ébranlé
L'être cher qui s'en est allé
Prie pour que tu sois enchanté

QUAND MON HEURE SONNERA

Quand mon heure sonnera
Vous me laisserez partir
Vous cesserez votre harcèlement
Vous me laisserez partir
Vous arrêterez avec l'hypocrisie
Vous me laisserez partir
Affligés par moult tracasseries
Vous me laisserez partir

Quand mon heure sonnera
Vous me laisserez partir
Ce sera le temps du silence
Le temps de la rédemption
Le temps de la solitude
Celui de la séparation
Une fugace séparation
En attendant la réunification

Quand votre heure arrivera
Pour la rencontre avec le destin
Vous n'aurez aucun ressentiment
Vous devez apprivoiser la peur
Au bout du tunnel, au fronton de l'Éden
Je serai là pour vous accueillir
Quand votre heure arrivera
Vous affronterez l'épreuve avec dignité

ÉNIGME !

À la confluence des deux mondes
À l'heure de rendre le dernier soupir
Déchiré entre le chagrin de quitter les siens
Et l'irrésistible désir de franchir le Rubicon

Le Mourant est en souffrance
Séduit par les êtres chers de l'autre monde
Et écœuré par la tristesse des Vivants
Hélas ! Le rendez-vous est irrévocable

Comme l'été succède au printemps
La mort remplace la vie quand il est temps
Le temps de l'éclosion du pollen qui attire l'abeille

Tu as affronté l'utérus de ta mère
Tu as affronté l'épreuve de la vie sur terre
Tu seras prêt pour la rencontre avec la mort

J'AI PASSÉ MA VIE…

J'ai passé ma vie …
À voir les wagons du chemin de fer,
Transporter le bois de mon pays vers le port,
Au bord de l'océan Atlantique.

J'ai passé ma vie…
À voir des bateaux au large de l'Océan,
Transporter le pétrole de mon pays vers l'Europe,
Expédier les minerais de mon pays vers l'Asie.

J'ai passé ma vie…
À voir le patron Blanc,
Exploiter les ouvriers Noirs,
Dans les chantiers de son entreprise
D'extraction de mines de mon pays.

J'ai passé ma vie…
À voir les mêmes personnes
Au gouvernement de la nation,
Sans que les problèmes des populations
Ne soient traités avec attention

J'ai passé ma vie…
À subir les délestages
D'approvisionnement en eau et en électricité.
Et pourtant notre bien-être, était leur priorité
Une gouvernance de bricolage

J'ai passé ma vie…
À voir les agents de l'État,
Harceler les pauvres commerçants
Qui se débrouillent pour survivre
Dans un pays sans protection sociale.
J'ai passé ma vie…

À voir les retraités,
Maltraités par un gouvernement
Constitué en majorité de *re-traités*
Nous ne sommes que les damnés

J'ai passé ma vie…
À assister impuissant,
Au délabrement des plateaux techniques
Des hôpitaux de mon pays
Qui sont devenus des mouroirs.

J'ai passé ma vie…
À assister impuissant
À la dégradation de nos routes
Et de nos entreprises publiques,
Déplumées par leurs dirigeants

J'ai passé ma vie
À observer la prostitution
Des hommes politiques de mon pays,
Qui trahissent leurs convictions
Et changent de camp politique,
Pour remplir leurs gros ventres.

J'ai passé ma vie…
À assister impuissant,
À la dégradation de l'école,
Devenue aujourd'hui, une machine
À distribuer des diplômes
Aux imbéciles et aux paresseux.

J'ai passé ma vie…
À voir les habitants de mon pays,
Changer de comportement alimentaire.
Cuisses de poulet, hamburgers et pizzas
Ont remplacé les aliments naturels.

J'ai passé ma vie…
À voir l'Afrique si riche
Se vider de ses cerveaux et de ses bras,
Qui vont chercher un prétendu bonheur
Dans le continent de ses prédateurs

Hélas ! Nombreux terminent le voyage
Au fond de la Méditerranée.
Sans sarcophage et sans sépulture
Loin de la terre de leurs ancêtres

Au soir de ma vie, je ne comprends toujours pas,
Pourquoi nos matières premières sont exportées brutes.

Au soir de ma vie, je ne comprends toujours pas,
Pourquoi ce sont les retraités, qui dirigent l'État.

Au soir de ma vie, je ne comprends toujours pas,
Pourquoi les dirigeants africains volent l'argent du peuple.

Au soir de ma vie, je n'ai toujours pas compris,
Pourquoi les dirigeants africains sont souvent des imposteurs

Au soir de ma vie, j'ai peur pour l'avenir de la jeunesse,
Dans cette Afrique où l'appartenance au parti au pouvoir
Devient un passeport d'accès aux responsabilités.

Dans l'outre-tombe, avec l'appui de Thomas Sankara,
J'interrogerai Dieu le Père, pour savoir
Si c'est lui qui aurait maudit l'Afrique.

LE VIDE

Ton odeur embaume encore les coussins
Ton haleine, toujours présente sous le drap
Ton ombre hante inlassablement le divan
Le vide envahit l'esprit, le vague à l'âme

Le nid de l'érotisme est hanté par la solitude
Le jardin intime est parfumé de saveurs de l'enfer
Le plaisir est extradé vers l'univers du chagrin
La tendresse est ensevelie à l'éternité

Cette première pluie qui tombe sur ta tombe
Blesse mon cœur qui dénie cette évidence
La présence de notre fils, mon seul bouclier
La graine de l'amour est condamnée à perpétuité

SANS DÉFENSE

À Nicole M...

Ta mort a enseveli ma vie
J'ai tout perdu
Plus d'espoir,
Plus d'horizon

Ta mort a englouti ma vie
J'ai tout perdu
Plus de bonheur
Que des pleurs

Ta mort a enseveli ma vie
J'ai tout perdu
Plus d'amour
Plus d'humour

Ta mort a détruit ma vie
J'ai tout perdu
Je suis vulnérable
Je suis sans défense

Ta mort a transformé ma vie
La sublimation
La résilience
De vains mots face à l'épreuve

ANTINOMIE

Le voile est déchiré
Le soleil est éteint
Les étoiles sont balafrées
L'arc-en-ciel n'a plus de couleurs

Le plaisir est ankylosé
Le bien est incarné par le diable
Thanatos est le roi du paradis
L'orgasme engendre la souffrance

LITURGIE

Il a été baptisé par Jean le Baptiste,
Il est Saint et s'appelle Jésus-Christ.
Qu'avait-il fait, ce brillant fils de Marie,
Qui par la foi, les malades étaient guéris.
Son évangile, qualifié de blasphématoire,
Il a été conduit comme un chien vers l'abattoir.
Ponce Pilate, tu es le véritable coupable,
Comme Judas, le disciple impardonnable.
Le fils de l'homme, crucifié sur la croix,
Est vivant et ressuscité par la magie de la foi.
Il les a aimés et pourtant ils l'ont trahi,
Monté au ciel, il leur laisse le Saint-Esprit.

RITUEL DE SÉPARATION

Dans le ciel, ils ont déployé leurs ailes, ces corbeaux
L'insensible fossoyeur a achevé la construction du caveau
Dans la chapelle, le prêtre a terminé la dispense des sacrements
Le sinistre corbillard est depuis quelques temps en mouvement

Le cimetière est envahi par la foule de badauds
Les roses blanches et les jacinthes, les derniers cadeaux
Que les badauds distillent en gouttelettes sur le sarcophage
Après l'oraison prononcée par une silhouette, sous le feuillage

Une oraison funèbre tissée de mensonge
Celui qui gît dans le cercueil n'était point un ange
Pour mériter ces étonnantes et mirobolantes louanges

Amen ! Répond en chœur tout le monde
Même les mécréants sont anesthésiés par les ondes
Du pasteur qui clôture la fin de ce rituel… sombre

CONVOCATION

Mort, où te caches-tu ?
Dans le grondement du tonnerre ?
Je te défie, viens me chercher…

Mort, où te caches-tu ?
Dans le feu ou dans la foudre ?
Je te défie, viens me chercher…

Mort, où te caches-tu ?
Dans la tombe ou dans le souffle du vent ?
Je te défie, viens me chercher…

Mort, où te caches-tu ?
Dans un buisson ou sous un rocher ?
Je te défie, viens me chercher…

Tu es omniprésente, pour semer la désolation
Dans les airs, avec la guerre des drones
Sur terre, avec les multiples guerres

En concurrence avec moult épidémies
Le Coronavirus fait la guerre au SIDA
Pendant que le paludisme défie le chikungunya

Dans les Océans et les Mers
Germent les sous-marins nucléaires
Hiroshima, une semence sans moisson

Mort, où te caches-tu ?
Je te défie, viens me chercher
Moi le brave guerrier

J'ai hâte de livrer la dernière bataille
Fatigué, j'ai perdu le goût de la vie
Face à l'injustice, l'égoïsme et la barbarie

Mort, où te caches-tu ?
Je t'invoque, je te convoque
Viens, il est temps pour l'ultime combat

DÉNI DE VIEILLESSE

À mes congénères

À la naissance,
La croissance
Est en effervescence
Jusqu'à l'adolescence.

À cet âge, ça pousse…
Ça pousse en touffe
Cheveux et poils, ça pousse
Rasés, vite ça repousse…

À la sénescence,
À la ménopause,
Ça chute sans pause
Sur la tête et sur les orifices

Sur les parties insoupçonnées,
Chute irréversible de pilosité.
Après l'hypertrichose exhibée,
Survient, l'alopécie redoutée.

À la sénescence,
À la ménopause,
Tout se décolore
Et devient incolore

Cils et sourcils
Tout se décolore
Cheveux, barbe et poils
Deviennent incolores
Au début de la vieillesse
L'homme adopte le chapeau
La femme épouse les ciseaux
Sa perruque n'a plus de repos

Tête rasée, pilosité dorénavant détestée
Crème dépilatoire convoquée en matinée
Produit noircissant usité à volonté
Sénilité, sur ton visage gît sa vérité

LE MORT ET LE CORBILLARD

Vous qui êtes séquestré dans cette bière
Bienvenue dans ma répugnante tanière

Bonjour monsieur le Corbillard
Servez-moi de la vodka et du caviar

Ici, pas de boisson, pas de caviar
Même si vous détenez des milliards

Corbillard, où me conduisez-vous?
Je refuse de partir sans mon épouse

N'ayez pas peur de la séparation
Je vous emmène vers la pollinisation

Pardon monsieur le Corbillard
Laissez vivre le pauvre Vieillard

Pourquoi voulez-vous rester dans ce monde pourri,
Gangréné par la guerre, l'ingratitude et l'ennui ?

Parce que j'ai des châteaux, des yachts et de l'argent,
Des maîtresses, des voitures, des costumes et des diamants

Je ne peux rien faire pour vous, car votre heure a sonné,
Je vous conduis vers l'éternité, votre véritable destinée

Un seul conseil, avouez vos péchés par confession,
Pour éviter d'être cloué au purgatoire, sans concession

J'ai volé et escroqué les gens pour devenir riche
Pour conserver le pouvoir, j'ai commandité des crimes

J'ai commis l'impudicité et vécu dans l'adultère
J'ai réalisé l'inceste pour prospérer dans les affaires

J'ai pratiqué moult avortements sur des jeunes femmes
J'ai rempli le pays d'enfants bâtards, ô quel drame !

J'ai pratiqué la sodomie
Toutes les fesses, j'ai démoli

Je regrette cette vie et je me repens
À toutes les victimes, je demande pardon

Quel message adressez-vous aux humains ?
Qui vivent à votre image, ô pauvres terriens !

Sur terre tout est éphémère, tout est vanité
N'écrase pas ton prochain parce que tu as de l'autorité

Akhenaton et Alexandre Le Grand, sont sous terre
Saddam Hussein et Adolph Hitler, sont sous terre

Jules César et Napoléon Bonaparte, sont sous terre
Mussolini Benito et Hirohito, sont sous terre

Alors, cultive la justice, l'humilité et la bonté
Convoque la vérité, la fraternité et la solidarité

L'ALGÈBRE D'AVRIL

C'est toujours en avril
Que survient le péril
Détresse et cris
Fracture dans la fratrie
C'est toujours en avril
Que survient le péril
Deux sœurs peu fragiles
Succombées en avril
La première, les reliques perdues
Loin du clan…
La seconde, gît sans prières
Du clan, loin de l'Océan…
C'est toujours en avril
Que survient le péril
Jamais présent
Toujours absent
Quand sonne le glas
De leur départ vers l'au-delà
Mais toujours indispensable
Face à l'innommable
Pour conjurer l'ineffable
Devant l'inéluctable
2026 ! À qui ouvriras-tu la tombe ?
Loin de la fratrie, cette lugubre onde…
Longue vie à ma vieille mère
Louanges à l'âme de mon père
Notre boussole, notre repère
Même si le destin a un goût amer

LE GOÛT DE L'ENFER

Au peuple palestinien

Gaza ! Terre des martyrs
Gaza ! Tout le temps ça tire
Gaza ! Plus de satire
Gaza ! Ville en ruines
Gaza ! Vive le suicide
Gaza ! Tout est délire…

Gaza ! Terre confisquée
Gaza ! Terre calcinée
Gaza ! Pas de liberté
Gaza ! Peuple opprimé
Gaza ! Peuple révolté
Gaza ! Vatican des damnés

Le robinet du sang reste ouvert
Le sang gicle, gicle, gicle…
Le peuple n'a plus de larmes
L'émotion est sous anesthésie
Le mot crime est rayé du glossaire
Le monde assiste impuissant au massacre
Et aux privations imposées aux Humains
Séquestrés dans cette bande de terre envoûtée

Boom ! Boom ! Boom !
C'est la pluie de bombes qui tombe sur Gaza
Rasant des immeubles habités par des citoyens…
Sous les décombres sont extirpés avec courage
Des enfants ensanglantés et des corps déchiquetés
Gaza pue l'odeur de la mort
Gaza respire l'air de l'enfer

Boom ! Boom ! Boom !
C'est la pluie de bombes qui tombe sur Gaza
La détresse assombrit le visage de cette mère
Qui voit son fils rendre l'âme dans ses bras
Derrière cette ambulance qui file vers l'hôpital

Boom ! Boom ! Boom !
C'est la pluie de bombes qui tombe sur Gaza
Les écoles et les hôpitaux sont pilonnés à volonté
Oublions un instant le Droit international
Le temps de perpétrer nos crimes, avec sadisme
À Gaza, l'espérance de vie dure le temps d'un coït

Boom ! Boom ! Boom !
C'est la pluie de bombes qui tombe sur Gaza
Les débris de chair humaine éclaboussent les miettes de béton
Des ruines, on entend les cris des enfants en détresse
Et des femmes horrifiées par les corps en lambeaux

Boom ! Boom ! Boom !
C'est la pluie de bombes qui tombe sur Gaza
Les jeunes fouillent sous les gravats
Dans l'espoir de secourir les survivants
Sous les vrombissements des hélicoptères

Où es-tu, Yasser Arafat ?
Dis aux Moudjahidines
D'arrêter le terrorisme
Allah akbar est cloué à la Mosquée
Et ne doit plus être débité à volonté
Pour annoncer des attentats en toute lâcheté

Où es-tu, Yitzhak Rabin ?
Ordonne aux combattants de Tsahal
D'interrompre les massacres macabres
Sur la terre sacrée de Palestine

Intercède auprès de Salomon
Pour qu'il déclare depuis sa tombe
Qui sème le colonialisme
Récolte le terrorisme

FRACTURE

À Omotundé Kalala

Le temple du savoir brûle
L'étoile est sous les décombres
Le trésor est dans le sarcophage

L'éclipse a phagocyté le soleil d'Afrique
La renaissance africaine est givrée
Le panafricanisme est en constipation.

Le Trésor d'Afrique est spolié
L'érudit est allongé, les paupières fermées
Omotundé Kalala est dans la vallée des Rois

Il entre dans le panthéon des Pharaons
Rejoindre Aimé Césaire et Cheikh Anta Diop
Dans le sanctuaire des esprits immortels

LE PANTHÉONISÉ

À Henri LOPES

Identité hybride, entre peuple des savanes d'Afrique
Et peuple d'Outre-Méditerranée,
Il était la greffe réussie des différentes particules génétiques
L'illustration parfaite de la mondialisation précoce
LOPES, l'universel de l'Homo sapiens sapiens
Il était la preuve de la résilience réussie,
Face à l'altérité à cette époque coloniale,
Marquée par la stigmatisation de l'hybridation.

Il avait une intelligence fine qui lui avait permis
De prier dans le Temple de la Sorbonne.
Sa plume sublimait les clivages identitaires
Et transcendait les méfaits de l'altérité.
Une personnalité douée qui séduisait
Le fondateur la République populaire du Congo.
De sa plume, il enfanta l'hymne national de son pays.

L'érudit, l'homme d'État accompli,
L'homme de lettres adoubé
S'en est allé, vers le monde
De l'éternité.

L'auteur de TRIBALIQUES
Et de LE PLEURER-RIRE
A rejoint Tchicaya U Tam'si
Et Sony Labou Tansi
Dans le Panthéon céleste…
Des immortels...

Aux grands hommes,
La Nation reconnaissante, dit-on !
Aux grandes plumes,
La *Panthéonisation* à perpétuité

LES DAMNÉS DE L'AMOUR

SOUS LE CHARME DE...

Comme le soleil qui se lève à l'horizon
Chaque matin,
Elle fleurit dans mon cœur
Son nouveau jardin.

Comme les rayons du soleil qui illuminent la vie,
Tous les jours
Son amour éclaire mon esprit
Pour toujours

Comme la rose qui parfume le jardin,
Au printemps
Sa sève a la saveur du jus de raisin
Fermenté depuis longtemps

LE BAL DES HYPOCRITES !

À la Mairie, ils ont juré,
Le Serment a été consommé,
Devant les parents et l'Officier,
De s'aimer pour l'éternité.

Pour les biens communs,
La mariée s'était engagée.
Seul labeur pour le conjoint,
Bénéfices pour la mariée,
Le Mâle avale le chagrin.

La fidélité était sa promesse,
La mariée cocue est dans la détresse,
Quand le conjoint exhibe ses prouesses,
En collectionnant moult maîtresses.

Pour la lyre, pas pour le pire,
Pour le bonheur et les honneurs,
Le conjoint en réanimation ou en prison
La mariée scrute un nouvel horizon

MYSTÉRIEUSES FEMMES

Mystérieuses femmes !
J'admire votre calme
J'adore votre charme
Qui fait sonner l'alarme
Pour déployer les armes

Mystérieuses femmes !
Surtout celles infâmes
Qui provoquent des drames
Qui engloutissent les âmes
Et font couler des larmes

Drôles de femmes !
Tantôt abominables
Tantôt vulnérables
Mais toujours adorables
Pour leurs charmes inoxydables

Cyclothymiques femmes !
Au printemps, sensibles
En été, irrésistibles
En automne, imprévisibles
En hiver, irascibles

PASSEPORT POUR L'ENFER

Les pétales s'étalent
Les hirondelles transpercent le ciel
C'est le printemps
Et pourtant
Les roses du cœur ont fané
La promesse du bonheur égorgée
Sur l'autel de l'impolitesse
De l'orgueil et de l'indélicatesse

Les pétales s'étalent
Les hirondelles transpercent le ciel
C'est le printemps
Et pourtant
Dans le couple
Plus d'écoute
La tendresse est en récréation
La sensualité en constipation
L'attention en coagulation
L'agressivité en extension…

Les pétales s'étalent
Les hirondelles transpercent le ciel
C'est le printemps
Et pourtant
Elle sait qu'il a une santé en déperdition
Malgré tout, elle souffle sur les braises
Qui ravivent les tensions et les colères
Le malheureux berce l'enfer

ÉPILEPSIE

Quand la nostalgie chasse le sommeil
Quand les mots entrent en rébellion
Quand l'attente de la sentence
Inhibe la somnolence
La conquête d'un amour inespéré
Se mue en pénitence…
Quand le désespoir
Coupe le souffle
Comme pour l'impétrant
Échoué à un examen d'État
Quand l'infime espoir
Engendre un océan de fantasme
Le forcené devient malade
De l'épilepsie d'amour…
L'amour est aussi assassin
Que le fusil du fantassin
Il t'aurait bien aimé
Cet homme mal aimé
Que tu as vite repoussé
En amour il y aussi des damnées

SARCASME !

Il tire le diable par la queue
Après avoir joué avec le feu
Il s'est marié par raison
Après l'usure des saisons

Il tire le diable par la queue
Après avoir joué avec le feu
Une fois l'alliance au doigt
La mariée est sans foi ni loi

SABORDAGE

Les années passent
Mais le couple fait du surplace
Et personne ne se tracasse
Pour sauver l'harmonie qui se fracasse

Quand la tendresse se casse
Le dialogue refuse de refaire surface
Sur la somptueuse terrasse
De leur paradisiaque Palace

En amour, il faut éviter les farces
Ou les attitudes de rapace
Surtout quand l'autre se décarcasse

En arborant une carapace
Pour ne pas perdre la face
Après toutes ces années qui s'effacent

PALPITATION

Sur la route du retour
Tout est beau
Tout est calme

Dans le souffle du crépuscule
Sous les vibrations du son
De la musique de Céline Dion

Mes instincts entrent en ébullition
Je convoque la sublimation
Pour domestiquer mes pulsions

Cette silhouette hante mon véhicule
Et explose mes ventricules
Quand ses jambes gesticulent

Ce n'est qu'une ombre éphémère
Qui va disparaître comme une Comète
Dans l'obscurité d'une sinueuse artère

INCONTINENCE AMOUREUSE

Un après-midi de dimanche
Le vent souffle
Le soleil achève sa course…
Le cœur battant
Le vrombissement du moteur
Sur les routes éventrées de la ville
Avait propulsé le forcené
Dans le quartier de la Bienheureuse

La voilà!
Je scrute à travers le rétroviseur
Une silhouette svelte qui s'avance
Dans une robe de princesse
Un charme explosif
Un sourire embarrassé
Un postérieur taillé sur mesure
Qu'elle dépose avec prudence et aisance
Sur le somptueux siège de ma carriole

Une causerie de cordialité
S'engage sans ambages
Et le vent nous emporte vers l'indéfini
Avant de chuter de façon inopinée
Au 5e étage de ce building
Pour un déjeuner insoupçonné

Pendant qu'elle déguste
Le contenu de son assiette
J'avale son charme avec incontinence
Elle est le prototype de la race
Qui refuse la synapse avec ceux de mon âge
La pulsion s'évanouit dans un fantasme
Telle la fumée de la pipe de Georges Pompidou

INGRATITUDE !

Le pauvre...
Pourtant il l'a sorti de la misère
Et l'a mis à l'abri de la galère

Le pauvre...
Pourtant il s'est affligé
Pour tout lui donner

Le pauvre...
Celui pour qui, il s'est sacrifié
Est le premier à le persécuter

Le pauvre...
Aujourd'hui vieux, il le traite de sorcier
Après sa mort, il se dit héritier

Humains !
Ne fumez pas l'ingratitude
Ce n'est pas une noble attitude

Humains !
Rien ne se perd, rien ne se crée
Avait dit monsieur Lavoisier

Humains !
Pour être un bon fantassin
Il n'est pas dit qu'il faut être assassin

Humains !
Le mal fait aux innocents ici et là
Sera payé avant le voyage de l'au-delà...

SERVITUDE VOLONTAIRE

Aux conjoints qui souffrent en silence

Pourquoi souffrir pour un amour de pacotille ?
Pourquoi mourir pour un conjoint imposteur ?
Vivre de carence affective, chaque jour
Se contenter de miettes de tendresse parsemées çà et là
Quémander l'amour comme un Mendiant dans les rues de la ville
Subir des humiliations matin et soir pour un Oui ou pour un Non

Vivre d'hypocrisie pour une relation dévaluée
Se nourrir d'indifférence au nom d'un statut social moribond
Réduire son espérance de vie par des disputes interminables
Rester dans un couple sans bonheur,
Juste pour préserver un prétendu prestige social
Se gaver de stoïcisme parce qu'il faut élever ses bambins
Abandonner ses rêves pour le plaisir de ce mercenaire de la tendresse
Avoir des conjonctions sexuelles par obligation et non par dévotion
Subir une vie de pourriture au nom du statut convoité

Non !
Il est mieux de vivre seul que d'être mal accompagné
Une vie de solitude est préférable
À la lassitude qu'engendre le tourbillon des émotions
Après avoir avalé la ciguë de la déception
Et baigné dans le Jourdain du chagrin
Le statut de célibataire sur un divan
Vaut mieux que celui de Marié sur béquilles

Ce calvaire est ton quotidien
Et tu n'as pas la force de te rebeller
Parce que la dot avait été consommée
Tu n'arrives pas à te révolter

Parce que tu es sous son toit
Après le rituel de la bague au doigt

Ce calvaire est ta tasse de thé
Parce que tu as peur d'être vilipendé
Par les *Mollah* de notre société
Sache que ta vie n'est que lâcheté
Comme disait le poète du temps passé
Le temps perdu ne se rattrape jamais...
Quand tu développeras des pathologies
À cause du stress accumulé
Par la sodomie de ta tranquillité
Le Mercenaire heureux dira...
Bon débarras !

Reprends ton destin en main
Pour préserver ton lendemain
La vie n'a pas de brouillon
Et doit être agréable depuis l'embryon

Dans ton cas, le mariage n'est que servage
Alors, prends des initiatives
Pour oser toutes les tentatives
En tout cas, nous te souhaitons bon courage

LES EXCLUS DU SYSTÈME

Dans l'écosystème des vautours,
Aux tubes digestifs très lourds,
Qu'il faut approvisionner chaque jour,
Vignes, viandes et jambes, ils savourent,
Les brillants sont traités de troubadours.

Parce qu'ils sont intelligents,
Parce qu'ils sont excellents,
Parce qu'ils sont conquérants,
Parce qu'ils sont exigeants,
Ils sont exclus du système.

Parce qu'ils convoquent la morale,
Qui pour eux n'est qu'une vaine chorale,
Ou un engagement sacerdotal,
Pour les initiés de la pastorale,
Ils sont exclus du système

Parce que les crétins sont complexés,
Ou plutôt très déterminés,
À perpétuer des pratiques décriées,
Par la totalité de la Cité,
Ils sont exclus du système.

Ils sont exclus du système,
Par simple égoïsme,
Du nouveau colonialisme,
De ceux qui soutenaient le socialisme,
Par simple mimétisme

Vorace est ce système,
La richesse est son emblème,
Le pouvoir est son totem,
Lutter contre ce système,
Un véritable dilemme.

LE BIENHEUREUX !

Dans la galaxie des bien-aimés
Elle l'appelle Gros bébé
Et lui offre la tétée
À longueur de journée

Aux Anges est le Bienheureux
Elle l'habille de petits soins
Et le baigne de son attention
Des baisers dans tous les recoins
Malgré sa libido en extinction

Prendre toujours soin
De son bien-aimé
De l'automne jusqu'en été
Overdose de tendresse
Tornade de caresse

Sois le substitut de la mère
Dans l'abondance comme dans la disette
Arrête avec les critiques acerbes
Respecte la promesse faite devant le Maire

AMOUR EMPRISONNÉ

Mariée !
Statut tant convoité
Par les femmes de nos Cités

Les sentiments fracturés
Le cœur brisé
L'amour emprisonné

Pour le statut de Marié
Revendiqué avec férocité
Il devient prisonnier

DIRE LE SILENCE

Cette silhouette qui a disparu dans la pénombre du quartier
Foudroyée au restaurant par l'éloquence du faux poète
Ne peut s'empêcher de déverser ses immondices mentales
En éclaboussant Facebook des gribouillis du faux poète

Dans l'exaltation euphorisante des vers assonancés du faux poète
Dans une tentative de déclaration des sentiments sclérosés
Elle avale sa langue sur la longueur de 48 heures chrono
Dans un silence accablant que celui du cimetière d'***Ita-Tolo...***

Et voici la résurrection de la Bienheureuse
Qui hante la paix du pauvre forcené
Heureusement que la résurrection de sa silhouette
N'est pas synonyme d'insurrection...libidinale

L'ENVOÛTANTE VOLUPTÉE

Face à cette beauté à la perfection
La Joconde n'est qu'une illusion
La reine de Saba serait dans la confusion
Le Mâle cède à la tentation

Devant son charme foudroyant
Son buste hypnotisant
Son postérieur éblouissant
Le Mâle cède à ses émotions

Les instincts du forcené en ébullition
Son courage étant en constipation
Face aux surprenantes déambulations
Le forcené convoque la masturbation

POSTFACE

Par Pierre NTSEMOU

Écrivain et critique littéraire

Quand on a fini de lire **Les psaumes du sarcophage**, on reste plongé dans une sorte d'hébétude, mieux de béatitude, cette attitude qui tranchant net avec l'habitude de notre train-train quotidien, bouscule notre quiétude existentielle. Il s'ensuit une forte sécrétion d'adrénaline tant l'émotion piquée à vif par ce qu'on vient de découvrir vous laisse sans voix. C'est que le poète Julien Makaya Ndzoundou, tel un mystique ou un Guru Tibétain sur un tapis magique s'est fait chantre des réalités du monde irrationnel que la logique de la science n'aiderait pas à comprendre ni à appréhender. Il promène le lecteur dans les méandres du substrat de la métaphysique entre le monde physique/matériel et le monde spirituel/immatériel. Entre la vie et la mort, il y a un pont à traverser à bord d'une navette spéciale : le sarcophage pour atteindre les rivages de l'au-delà, ce monde de l'outre-tombe dont l'auteur – décidément bien inspiré et très instruit de *ses réalités* – nous avait livré des ordonnances d'une singularité stupéfiante in **Les ordonnances d'outre-tombe.** Ici, dans ce recueil de poèmes, il se sert du sarcophage par sa personnification comme le témoin post mortem des réalités à vivre après la mort par l'esprit ou l'âme séparée du corps désormais simple enveloppe gisant à terre après y avoir séjourné.

Qu'importe le statut social, on est logé dans la même enseigne, nous dit le poète :

« *Quand la mort te parle*
Tu as vécu dans l'opulence
Ou dans l'indigence,
Peu importe…
Dans la tristesse
Ou dans l'ivresse,
Peu importe…
Dans le bonheur
Ou dans l'horreur,
Peu importe…
(…)

Ta vie sur terre est achevée,
Ton séjour sous terre va débuter.
Oublie tes diamants,
Abandonne tes galons.
Sous terre nous sommes égaux,
C'est fini la guerre des égos.
Ton destin est dans une bière,
Avant ton transfert au cimetière (...) »

Une manière de dire aux humains que toute vanité sur terre est une stupidité ni plus ni moins.

Le poète n'y va pas de mains molles pour railler les fantasques mégalomanes, maîtres iniques des destins humains, ceux qu'il qualifie d'*Oligarques africains* semant terreur et désolation des peuples qu'ils gouvernent. Il peint et plaint leur triste sort quand dans le silence de la mort, plein de remords, ils seront bientôt dans leurs tombeaux à la merci des asticots.

Si les belles rimes – point d'orgue esthétique de la construction de la plupart des poèmes de Julien Makaya Ndzoundou – ajoutent à son lyrisme un trait, un attrait et un grain de beauté, il faut dire que la raillerie et l'espièglerie sont très manifestes chez notre poète vis-à-vis des bouffons de la politique et autres prédateurs essaimant l'univers dantesque et cauchemardesque des laissés-pour-compte de la société, qui pourtant sont prompts au pardon de leurs bourreaux :

« Ceux pour qui il égorgeait la raison
Sont venus lui accorder leur pardon
Dans l'isolement répugnant du corbillard
Il constate qu'il n'a plus ses milliards
Dans la retraite étouffante du cimetière
Il réalise qu'il deviendra poussière. »

Si dans la poésie française, il est des auteurs et des textes qui m'ont profondément marqué par leur forme et leur fond dont la symbiose dans l'intrication est stupéfiante de génie créateur à l'instar de **Les fleurs du mal** de Charles Baudelaire, magnifiant la beauté ou le merveilleux dans le mal ou la solennité dans une atmosphère teintée de tristesse ou de douleur comme Victor Hugo dans *Demain dès l'aube,* poème dédié à sa fille Léopoldine, lui rendant un émouvant hommage, car arrachée à fleur d'âge par noyade ou encore *Le dormeur du val* d'Arthur Rimbaud peignant la mort d'un jeune soldat dans une nature pittoresque, verdoyante, Julien Makaya Ndzoundou n'est pas en reste dans certains de ses poèmes notamment, *Il dort*. C'est un texte – à mon avis l'un des meilleurs du recueil – merveilleux où il use à la fois d'un euphémisme pour adoucir le concept de la mort et d'une anaphore « *Il dort* » à la fin de chacun des 23 vers du poème. Le rythme est une langoureuse saccade dans un zeste de blues, de Negro spirituel ou de Gospel. Revenez pardon sur ce texte! Lisez-le en toute introspection méditative, pour en savourer les délices qui vous ont échappé tout-à-l' heure. C'est une pépite littéraire, croyez-moi avec des assonances intérieures savoureuses :

« Élégant, éloquent, arrogant ou délinquant, il dort
Milliardaire, sanguinaire ou débonnaire, il dort
Pillard, soûlard, clochard ou maquisard, il dort
Diplômé, surdoué, insurgé ou drogué, il dort
Cancéreux, lépreux ou tuberculeux, il dort
Plus de souffrance, vive la délivrance, il dort
Plus de haine, il a rejoint Verlaine, il dort. »

Un autre texte tout aussi anaphorique que celui-ci devant décrypté m'a subjugué. Il s'agit d'une sorte de complainte de celui qui, au soir de sa vie, fait un bilan des affres et des vicissitudes de son existence par la mauvaise gouvernance des dirigeants des nations africaines sous la férule et la prédation des puissances impérialistes occidentales. Ce poème, disons plutôt ce douloureux cri de détresse – « *J'ai passé ma vie* » – est un condensé de maux des damnés de la terre que sont ces peuples noirs exploités, spoliés de toutes leurs richesses naturelles, déshumanisés par des traitements ignominieux des gouvernants et leurs affidés nationaux et internationaux.

Le poète m'a arraché un sourire dans ce chapitre pourtant lugubre de l'évangile peignant la fin de la vie avec le poème « *le mort et le corbillard* » qui n'est pas sans nous rappeler la chanson de l'artiste musicien congolais Zoba Casimir Zao, Monsieur « Ancien combattant » : *Corbillard*, justement titré. Dans un dialogue drolatique, le corbillard personnifié raille le mort qui tente de refuser d'aller rejoindre sa dernière demeure sur cette terre merveilleuse où il a accumulé d'énormes richesses matérielles. Le corbillard dans la peau du juge amène le prévenu à confesser ses crimes de lèse-humanité. Celui-ci égrène un chapelet de vices commis le long de sa vie pécheresse dans une confession qui donne froid au dos des chantres et praticiens de la vertu. Construit en plusieurs distiques rimés par endroits, ce poème est une belle pièce lyrique et stylistique qui fera le bonheur sans doute aucun, des amoureux des belles lettres françaises classiques.

On retiendra de cette première partie du recueil de poèmes de Julien Makaya Ndzoundou, l'omniprésence d'une récrimination des vices de tout genre perpétrés par l'homme dans l'exercice de ses fonctions, dans ses rapports avec le prochain, avec l'argent et avec le pouvoir. En somme, une version nouvelle de l'expression du malaise existentiel dans le « vivre ensemble » mis en exergue par Thomas Hobbes dans sa célèbre assertion : « L'homme est un loup pour l'homme. » Pourtant, les loups ne se mangent pas entre eux donnant aux hommes des leçons d'amour à nulle autre pareille. Vous avez dit leçons d'amour ? L'auteur en parle justement dans la seconde partie de son recueil de poèmes : ***Les damnés de l'amour***.

Quand « *dans le couple /plus d'écoute/ la tendresse est en récréation/ la sensualité en constipation //l'attention en coagulation //l'agressivité en extension…* », l'amour a déserté les cœurs des tourtereaux et la migraine devient une graine difficile à avaler. Ainsi peut-on résumer ces beaux vers pleins de vérité tirés de *Passeport pour l'enfer*. Car, oui c'est bien vivre en enfer sentimental quand on cesse de dialoguer dans une vie de couple. Psychologue clinicien, Julien Makaya Ndzoundou sait de quoi il parle dans ce texte sentencieux. Un appel à l'écoute de l'autre pour détendre l'atmosphère délétère qu'on voudrait éphémère. Avec *Servitude volontaire*, le poète dresse un véritable réquisitoire à l'endroit des personnes – les femmes surtout – qui au nom de l'amour supportent une vie cauchemardesque au foyer. Il s'indigne devant ce stoïcisme blâmable et les enjoint à rompre ces liens désormais de chiendent et de la chienlit conjugale. On croirait entendre un féministe pur et dur, tellement l'admonestation est véhémente par le verbe fougueux, fumant et enragé tonnant dans chaque vers de ce poème engagé à protéger la femme au foyer, victime résignée de la tyrannie masculine. Bravo Julien pour cette alerte face à la problématique de la violence faite aux femmes.

Dans *le bal des hypocrites*, le poète brandit de nouveau la trique sur la tête de celles et ceux qui, malgré le serment de fidélité prêté devant l'officier d'état civil et l'anneau fièrement porté depuis ce jour solennel, jouent à triche-cœur à chéri(e) je t'aime, le susurrant à l'oreille et l'autre répondant : moi aussi alors que du fond de son cœur s'entend : moi non plus, car on se fait cocu réciproquement.

En somme, Julien Makaya Ndzoundou consacre la dernière partie de son recueil de poèmes à inventorier les causes du désamour dans les couples qui finissent en vrille tant que le virus de la tentation humainement compréhensible, mais sensément inadmissible et juridiquement condamnable trouvera un espace menu soit-il dans le cœur humain, temple de tous les désirs et de tous les plaisirs. Tous ne sont pas à saisir pour ne pas finir par gésir dans un sarcophage, écoutant ses psaumes et dialoguant avec le corbillard pour son dernier voyage sur terre, décrété sine die pour tous les damnés d'amour condamnés pour toujours, sans issue de secours ni recours et sans possibilité de retour à la vie.

TABLE DES MATIÈRES

www.ingramcontent.com/pod-product-compliance
Lightning Source LLC
LaVergne TN
LVHW040949150826
845672LV00002B/606

* 9 7 8 2 4 9 3 0 5 3 2 9 9 *